연꽃 눈물

한비시선 98
연꽃 눈물

초판인쇄 | 2018년 7월 10일 **지은이** |곽호영 **펴낸이** | 김영태 **펴낸곳** | 도서출판 한비CO **출판등록** | 2006년 1월 4일 제 25100-2006-1호 **주소** | 700-442 대구시 중구 남산2동 938-8번지 미래빌딩 3층 301호 **전화** | 053)252-0155 **팩스** | 053)252-0156 **홈페이지** | http://hanbimh.co.kr **이메일** | kskhb9933@hanmail.net **후원** | 월간 한비문학

ISBN 979-11-86459-81-2
ISBN 978-89-93214-14-7(세트)
값 10,000원

*잘못된 책은 교환해 드립니다.
*저자와의 협의로 인지는 생략합니다.

연꽃눈물

곽호영 첫 시집

시인의 말

가진 것이 별로 없던 지난 시절
여백이 많았다
비워야 채워진다는 말은
공염불로 치부했었다

계절은 바뀌고
생각도 변한다

채우지 못해 안타까웠던
그 여백이
지금은 자유인으로 살아갈
토양이 되었다

나이가 든 지금은

여백이 많아서

사는 게 수월하다.

시집 한 권

오래된 꿈을 이룰 수 있어서

부끄럽지만 기쁘다!

목차

1부
떨어진 그리움

한순간 선택한 우연한 사건들은
어쩌면 미리 정해진 각본이 아니었나 하는
생각이 듭니다.

직무유기 _012 단비 _013 강정보 _014 하늘 스크린 _015 푸념 (비대칭) _016 시린 설 _017 아픈 날개 _018 로또 복권 _019 봄 햇살 파편이 _020 물안개 _021 한 봄이 지나간다 _022 까치 둥지 _023 돌팔매질 _024 치유 _026 벚꽃은 이리도 화사한데 _027 노모의 눈물 _028 도깨비 방망이 _029 화의 법칙 _030 터닝 포인트 _032 모과 _034 봄밤, 꿈 _035 사부곡 _036

2부
숨어 뜨는 별

마음으로 흐르는 강
시간이 강물 되어
그리움 달래준다.

운동장 _038 부채과자 _039 집으로 가는 길 _040 엄마 목소리 _041 금산재 _042 미투(me too) _043 윤회 _044 밤비 _045 탈진한 태양 _046 자유 _047 백열등 _048 순장조의 외침 _049 누런 강물 _050 여수 낮 바다 _051 꽃향기 너머 _052 토라진 보름달 _053 무간 지옥 _054 춘분에 내린 눈 _055 배추벌레 _056 이런 번거로움은 열 번이라도 괜찮다 _057

목차

3부
가을 전령

초로에 접어든 우리
가을끝자락 붙잡으러
가을 한가운데로 쉬엄쉬엄 들어간다.

권고사직 _060 흥정 _061 별 꽃 _062 가을바람이 _063 유전자 _064 창문 너머에 _065 사부곡 2 _066 연꽃 눈물 _067 대가야 비무장지대 _068 한가한 행복 _070 고래불 _071 봄날 오후의 망상 _072 사바세계 _073 향기 너머의 향기 _074 유천동 연가 _075 소 매물도 가는 길 _076 가을 속으로 _078 위선자 _079 춘풍 _080 일체유심조 _081

4부
윤회의 고리

마음비우고
세상일 굽어보니
담담하고, 헛헛하다.

호위 무사 _084 육십 _085 자존심 _086 목줄 _087 손 _088
옥연지 _089 귀촌 _090 하늘 님 전횡 _091 배추꽃 _092 여명
_093 동지팥죽 _094 벽시계 _095 퇴근길 _096 사람 낙엽 _097
침묵 _098 모듬내 여뀌 꽃 _099 흐린내 _100 족쇄 _101 가을에
_102 입춘 혹한 _103 바람 같은 내 사랑 _104

작품해설_ 김원중 _105

1부

떨어진 그리움

한순간 선택한 우연한 사건들은
어쩌면 미리 정해진 각본이 아니었나 하는
생각이 듭니다.

직무유기

비 그친 아침 산에
안개가 묻어있다

갓 씻은 아기마냥
나무 피부가 촉촉하다.

잘생긴 소나무 무리
젖은 머리카락 툴툴 털며
가을바람과 열애 중

직무유기 하던 가을 해님
기지개 쭈욱 펴며
슬그머니 떠오른다.

청명한 가을햇살
먹구름 한 점 없다

직무 유기, 가을 햇살
경고조치로 감형함.

단비

가을비 내린다.
단비는 아니다

수도꼭지처럼 빗물도,
필요할 때 틀수 있으면 좋을 텐데

악재는 겹쳐서 온다.
오늘, 바람마저 거세다

비바람에 노출된 농작물

수확 앞둔 농부마음

아프다!

강정보

시월이 끝나가는 한밤에
강정보를 걷는다.

강변 디아크 무지갯빛
가을밤 유혹하고
낙동강 우륵교
가을바람에 흔들린다.

우륵교 한가운데
삐딱한 기둥 하나
달성, 고령 갈라놓고
지역갈등 부추긴다.

무심한 강물은
유유히 흐르고
초로의 나그네
추억 하나 새겨간다.

*디아크: 커피숍

하늘 스크린

길을 걷다가
떨어진 그리움을 보았다.
반가움에 허리를 굽히다 망설이고 있다.
발로 꾹 밟고
애먼 하늘만 쳐다본다.

초겨울 하늘이
구름 한 점 없이 깨끗하다.
하늘 스크린에
아팠던 시절, 상영된다.

쏟아지는 서러움.

그리움 묻어두고
가던 길 재촉 한다.

푸념 (비대칭)

38평형 아파트
집 주인은 새 아파트로 이사하고
이 집은 도배해서
세를 놓을 모양이다

연장을 풀던 정 기사
나지막이 읊조린다

죽기 전에 이런 집에서
한번 살아 볼 수 있을까

가을비 내리려나
청명한 가을하늘
잿빛으로 물든다.

시린 설

설날 늦은 밤
취한 목소리로 걸려온 전화 한 통
-설인데 동생네 애들은 집에 왔제-

형님은 지방대학 교수직을
얼마 전에 퇴임했다
조카들은 호주로 이민을 갔고
한국과 호주를 오가며 여생을 보내는데
오늘밤 많이 외로운 모양이다

태극 육 장
얏! 얏!
기합소리 지르며 자랑하던 손자는
제풀에 지쳐 새근대며 자고 있다

한풀 꺾인 추위지만
그래도 춥다
추위만큼이나 내 마음도 시리다.

아픈 날개

그가 다쳤단다
고속도로 추돌사고로
한 달 전에 입원 했다고 한다.
놀라움, 서운함 가슴에 담고 병문안을 갔다
그나마 수술이 잘되어
싱긋 웃는 그를 보니
알 수 없는 서러움이 밀려온다.
그는 바람 같은 사람이다
그의 날개 짓은 어디로 향할지
가늠하기가 힘 든다.
다친 날개 감싸 안으며
-이제 좀 쉬어야겠다- 말 하지만
날개만 나으면 훨훨 날아갈 그다
돌아오는 차창 밖은 모내기로 바쁘다
분주한 저 농부 날개가 없다.

로또 복권

또, 복권을 샀다
구입 대비 실적은 언제나 마이너스
투자 금 오천 원
당첨 액 수십억

당첨 꿈 꾼다.
절반 뚝 떼어
곤궁한 막내에게 삼 할 주고
나머지는 똑같이 나눠 줄 거야

장사는 어떡하지
까짓것 정 기사 줘버리지 뭐
공짜로 줄 거야

지갑 속 로또 복권
히죽이 웃고 있다.

봄 햇살 파편이

아스팔트 위
부서지는 봄 햇살
음표로 튕겨 나와
선율로 떠다닌다.

한 무리 봄 햇살
아파트 담벼락
목련 위에 떨어지자
새하얀 속살
수줍게 드러낸다.

한 무리 봄 햇살
군중 속으로 떨어진다.
메마른 가슴 가슴
마중물로 솟구친다.

물안개

회천에 피어난
농염한 물안개

교태로운 몸짓으로
색끼를 흩뿌린다.

얼핏본
물안개 하얀 속살

내 영혼이
부서진다.

한 봄이 지나간다

고혹적인 자태로
진향 풍기는 아카시꽃
촉촉한 피부가
애기 궁뎅이처럼 탱탱하다

새하얀 옷깃 속
뇌쇄적인 몸매는
일벌조차 향락으로 빠트린다.

봄이 지나간다

아카시향 뿌리며
또,
이렇게
한 봄이 지나간다.

까치둥지

시골학교 뒷산 중턱
키 큰 아카시나무 위
까치집 하나 덩그러니 얹혀있다

하늘거울에 투영된 까치둥지 안
시나브로 들락거리는 어미까치
꼬물거리며 먹이를 받아먹는 새끼까치
조물주의 섭리, 신비하다

지나가던 봄바람
살랑바람으로 그네를 태운다.
질겁한 어미까치
봄바람 꾸짖는다.

새끼까치 재잘거림
봄바람 희롱
아카시 꽃망울 터진다.

봄이 무르익어간다.

돌팔매질

-오늘은 적당하게 마셔야지-
다짐을 하고 나간 자리,
귀인을 만났다
혼돈 속으로 빠지는 다짐
또 과음을 한다.

항상 그랬다
비장한 각오로 링에 오르지만
주먹 한번 뻗지 못하고
피투성이가 되고 마는 패배자
언제부터인가 나는, 술이라는 괴물에게
맥없이 함몰 당하기만 한다.

술 취한 아버지는 너무 싫었다.
부지런 하시고 다정다감하신 아버지
술만 드시면 주정뱅이로 돌변하셨다
서러움에 개울가에서 펑펑 우시던 어머니
그 옆에 쭈그리고 앉아
나는 말없이 돌멩이만 던지고 있었다.

아버님이 돌아가시고 금주령이 해제 되었다
사람 만나는 즐거움
술자리에서의 쾌락

내 영혼이 잠식되기 시작했다
그렇게 싫어하던 아버지 모습을
조금씩 닮아가고 있었다.

-니 맨날 그카고 살끼가-

대리인을 통한 어머님 목소리

개울가에서 씩씩거리며
아버지를 원망하던 소년,
날 향해 돌팔매질을 한다.

치유

낙동강 변
도로를 점령한 넝쿨
잊혀진 길
버려진 길

애시 당초
멀리 보지 못했다
한 치 앞만 추구하는 성과주의,
욕심이 초래한 상처

사랑이 그렇더라.

앞뒤 분간 없이 타올랐다가
대책 없이 사그라들고
아픔은,
시간이 넝쿨처럼 뒤덮을 때
잊혀지고
치유되고
버려지고…

벚꽃은 이리도 화사한데

경기는 엉망인데
일당을 올려달라고 한다.
양해를 구하는 게 아니라 통보다
일감도 내가 주고
돈도 내가 주는데

예전보다 돈 가치가 떨어지긴 했지만
일당 이십 만원은 너무 세다
일당이 오른다고
더 열심히 일 하는 건 절대 아니다

고객과 도배사 틈바구니에서
내 입지는 점점 좁아진다.

벚꽃은 이리도 화사한데
찾아오는 사람 하나 없다
바람은 이리도 훈훈한데
십팔 평 이곳에는 삭풍이 분다.

노모의 눈물

겨울 들판은 휴식 중
누적된 피로를 풀기 위해
두 다리 쭉 뻗고 풍욕을 즐기고 있다.
딸기 농사짓는 김씨
이렇게 추운 날
비닐 이불 덮어쓰고 땀을 뻘뻘 흘리고 있다.
입이 댓 발이나 튀어나온 땅뙈기도
아들이 안쓰러워 함께 나온 노모도 땀범벅이다.
집나간 며느리가 야속한 노모는
땀방울에 눈물을 더한다.
비닐 밖 겨울바람은 자꾸만 놀자고 집적댄다.
고지식한 김 씨는 한 치 흐트러짐 없이 일만 한다.
텅 빈 들판에 두루미 떼 날아든다.

도깨비 방망이

고령 가는 국도 변 산기슭
비상등 하나 뻘쭘하게 서있다.
밤만 되면 도깨비 방망이 되어
번쩍 번쩍 요술을 부린다.

동네 이발소 회전간판도 저랬다.
내가 어릴 적 에는
의자 가로질러 널빤지 놓고
그 위에 앉아 이발을 했다.
바리깡에 머리카락이 씹혀
찡그린 나를
안쓰럽게 바라보시던 아버지

도깨비 방망이 빌려
인자하신 아버지 모습
한번만 볼 수 있었으면.

화의 법칙

마음 한구석
숨겨둔 화
눈 한번 흘기니 불쑥 솟구친다.

화는 항상 선제공격을 한다.
대책도 없이 난장판을 만든다.

사소한 자극으로
망가진 평화, 마비된 이성

시간이 흐르면서 엄습하는 후회
비로소 파악되는 객관적 본질
부끄럽고 두렵다.

-커피나 한잔 하이소-

화해를 청하는 반가운 목소리
누그러진 포성
안도하는 나,

우리는 휴전 중

김정은 씨
커피한잔 마시고
제발 화는 내지마세요.

터닝 포인트

하루 사이에 계절의 변화를 느낍니다
말복 하루 전 날까지만 해도
열대야로 밤잠을 설쳤었는데
말복이 지나면서 아침저녁 기온이
제법 선선해 졌습니다.
새벽녘에는 꼭 이불을 챙기게 됩니다.

올해는
말복이 계절의 터닝 포인트가 되었습니다.

곰곰이 생각을 해보니
살아온 지난날 중
한순간에 운명이 결정된 경우가
참 많았던 것 같습니다

살아갈 길이 막막하던 젊은 시절
어찌어찌 하다 보니 취업이 되었고
또 어찌어찌 하다가 아내를 만나
지금껏 잘 살고 있고
직장생활이 지겨워질 때 쯤
어찌어찌 해서 장사꾼이 되었고.

한순간 선택한 우연한 사건들은

어쩌면 미리 정해진 각본이 아니었나 하는
생각이 듭니다.

지독히 무더웠던 여름도
한순간 지나가고
가을이 성큼 내 앞에 서있습니다
나는 또
가을맞이에 마음이 분주해져
지나가는 여름 따위는 잊어버립니다.

모과

밤새 떨어진
못생긴 모과 하나
아침햇살 아래 뻘쭘하게 누워있다

이제 막 시작한 귀촌생활
떨어진 모과 앞에
다잡은 마음 끈이 스르르 풀어진다

빨리 겨울이 왔으면.

봄밤, 꿈

봄꽃향기에 취하다.
봄밤
별꽃에 취해
달기둥에 몸을 기댄다.

꽃 밤에 취하다
-취중우주-
현실은 방석으로 깔아 앉고
퇴색된 꿈은
술잔으로 길어 올려
봄 하늘에 펼쳐 두자
별과 함께 걸어두자.

사부곡

애주가도 아니면서
아버진, 술을 드시면
삼 일 동안 취해 계셨다
난 그게 너무 싫어
한 저녁 술 마시면
한동안 술자리를 피한다.

가을 추수를 앞두고
아버지가 쓰러지셨다
여름내 벼농사에 지극정성 쏟더니
벼이삭이 고개 숙일 때
아버지도 쓰러지셨다

-니가 누구고-
기가 차 말문이 막혔다
늦게 낳은 외아들
금이야 옥이야 하시더니...

아프고 무거운 짐
당신 떠나신 후 알았습니다.
왜 그렇게 술을 드셨는지
기억조차 버리셨는지.

2부
숨어 뜨는 별

마음으로 흐르는 강
시간이 강물 되어
그리움 달래준다.

운동장

텅 빈 운동장
빈 의자 두 개
비껴보고 있다

하늘은 푸르고
옅은 바람 살랑 거린다
서둘러 왔기에 만끽하는 호젓함
부지런함이 주는 선물이다

자박거리는 발자국 소리
관물 대 속 정구공 긴장하기 시작 한다
어제 맞은 상처는 아직도 욱신거린다.

청춘의 어느 시절처럼
공 은 또 통통 튈 것이고
나는 오늘도 족흔을 남긴다.

부채과자

술자리 끝 무렵
후식으로 나온 부채과자
아버지가 생각나 가슴이 먹먹하다

아버진
부채과자를 좋아하셨다
다른 과자는 잘 드시질 않으셨다

아버님 떠나신지
스물하고도 여섯 해
우리는 아직도 제사상에
부채과자를 올린다.

부채과자를 한 입 베어 문다
밀가루 냄새와 달콤한 설탕 맛이 뒤섞여
포만감이 크다

그랬었구나!
풍족하지 못했던 아버진
이 포만감 때문에 부채과자를 드신 거구나

술자리가 길어진다.

집으로 가는 길

산중턱 테니스장
땀 뻘뻘 흘린 후
시원한 맥주 한 잔 마시고
집으로 가는 길

산기슭 길 가에
들국화 무리 하얗게 피어있고
여름 바람
가로수 이파리 희롱 하느라 정신이 없다

주산 하늘 붉게 물들고
전깃줄 위 까치가족 평화롭게 앉아있다

끝 노을 바라보다
무심결에 튀어나온 말

아! 좋다.

*주산; 고령군에 있는 산

엄마 목소리

해질 무렵
강기슭 청석 바위
강물을 부른다.

낮 종일 돌아다녔으니
이제 좀 쉬어라 어깨를 다독인다.
어둠 이불 덮어주며
바람 얘기 들려준다.

숨어 뜨는 별 들이
빙그레 웃고 있다.

야아 야~
이제 그만 놀고 밥 무러 온네이.

날 부르는 엄마 목소리
수만 시간 돌고 돌아
마음 귀 에 들려온다.

청석 바위 내 등짝
휑하니 시리다.

금산재

터널이 생기자
금산재 고갯길은 심심하다.
백일홍, 청죽
약간의 단풍으로 유혹 하지만
변절한 사람들은
터널만 찾아간다.
벚꽃 만발할 때
꿀벌 무리와 함께 돌아온 사람들
꽃잎 흩어지자
바람처럼 사라진다.
연두색 시외버스만이
고갯길을 오르내린다.

젊음이 옅어지자
사는 게 심심하다.

*금산재:고령 금산을 넘어가는 재

미투(me too)

어느 곳을 가도
잘난 것 들이 문제다
능력이 있으면
권력이 생기고
권력을 가지면
눈과 귀는 멀어지나 보다
권력은,
세상을 구할 수 있지만
사람을 망가뜨리고
주변을 혼탁하게도 한다.
양 날의 검이다

봄은 벌써 왔건만
춘설이 난분분하다.

윤회

마당 한가운데
오래된 석류나무
잇속까지 새빨간 열매
남김없이 도둑맞고
해탈한 고목 되어
무심하게 서 있다

석류 알이 붉어지면
사랑이 여물고
석류 알이 터질 때
이별이 찾아온다.

흩어진 애증 파편들
석류 잎과 뒤엉켜
가을바람에 나뒹군다.

몇 개의 사랑
땅속으로 스며든다.

밤비

네 모습 보여 지는 게
억수로 쑥스러운가 보다
이 한밤,
아무도 보는 이 없는 이 밤에
차작 차작 숨죽이며
내리는 걸 보니

수줍어하고 부끄럼이 많은 게
꼭 시집 간 우리 딸내미 같다

딸아인
손주 놈 등쌀에 지쳐
곤히 자고 있겠지.

탈진한 태양

서산에 걸린
탈진한 태양
금방이라도 쓰러질 듯
헉헉대고 있다
낮 종일 땡볕 생산하느라
피투성이 되어
서산하늘에 널브러져 있다

검은 이불 안고
어둠이 내려온다.

자유

귀촌을 했다.
직사각형 아파트 안에서
모난 도형이 될 것 같아서
귀촌을 했다.

퇴근길
달리는 자동차에
날개 돋친다.

백열등

궁정동 안가에 총성이 울리던 날
인천 부평의 한 병사
전쟁이 터진 줄 알았다.
두려움으로 초소에서 밤을 샐 때
부대 밖 민가에서 새어나오던
홍시처럼 붉그스레한 백열등 불빛.
어머님 품속처럼 따뜻했다
구원의 빛이었다.

led등이 나오면서 백열등 생산이 중단되었다.
효용가치가 떨어진다는 이유에서다
백열등 아래 성장한 베이비부머들
백열등이 사라지자
세상의 중심에서 버려졌다.

순장조의 외침

대가야읍 지산리 44호 고분
타임머신 타고
대가야 왕릉 전시관에 착륙했다.

대가야국 왕이 죽던 날
함께 순장 당한 시신들
공포에 질린 몰골로
무엇을 말하고 싶은 걸까.

타임캡슐 관람객중
순장조의 후예가 있다
복색만 다를 뿐 왕족도 있다.

광화문에 반짝이는 촛불은
순장조의 아우성이다.

누런 강물

거대한 황소 떼 몰려간다.

장맛비 받아먹고 몸집 키운 낙동강
거침없이 질주한다.
위풍당당
초패왕 항우 같다.

낙동강은 회복 중.

포클레인 발톱에 긁힌 상처
강물 혓바닥으로
생채기 핥으며 바다로 흘러간다.

마음으로 흐르는 강
시간이 강물 되어
그리움 달래준다.

여수 낮 바다

바다는 미동도 없는데
사람이 일렁인다.

여객선이 파도 되고
취객이 갈매기 되어
여수 낮 바다는 아프다.

꽃향기 너머

형님, 요즘 우에 지내심미꺼.
수화기 너머 정 기사 목소리에
간절함이 배어있다.
잔 원망도 섞여있다.

장식가계와 도배 기사는
악어와 악어새 관계
누가 악어인지는 헷갈리지만…

봄이다
꽃향기 질질 흘리는
무심한 봄이다.

봄꽃향기에 묻히는
정 기사 한숨소리.

토라진 보름달

한가위 밤하늘
보름달이 없다

보름달 바라보며
빌 소원 있는데
토라진 보름달
나타나질 않는다.

뾰루퉁한 밤하늘
소원 들어줄지 의심스러워
달 없는 하늘 보며
하소연만 해댄다.

무간 지옥

애 못 키우겠으면
시설에 갖다 맡기 뿌이소

앙칼진 중년 여인의 목소리

태어나자마자
버려짐을 직감한 어린 생명
칭얼거리며 울고 있다

오빠야는 장래성이 없어
함께 살 수가 없다는 철부지 가시내
그런 딸년을 대신해
금수보다 못한 말을 지껄여대는
철면피 아줌마

무간지옥에 환생한 관음보살
어리석은 두 여자
안타깝게 쳐다본다.

춘분에 내린 눈

훈풍에 움트던 꽃망울
생뚱맞게 내린 춘설에
난감해 한다.

봄은 왔는데
그래서 분주하게 움도 틔웠고
터져버린 꽃망울도 있는데
이를 어이할꼬!

쑥국을 먹는다
부지런한 사람이
조급한 쑥을 뜯어왔기에
조금은 미안한 맘으로
쑥국을 먹고 있다.

꽃샘추위가
아무리 몽니를 부려도
봄은 ,이미
무르익었다.

배추벌레

숭숭 뚫린 구멍
배추벌레 한 마리
배추 잎 다 갉아 먹는다.

여름내 공들여 키운 배추
너덜너덜
헤진 걸레가 되었다.

배추벌레 인지
배추 잎인지 구분 못하게
치밀하게 위장을 하고
배추밭 다 망친다.

끈질기게 추적해
나무젓가락으로 잡아내니
포동포동 살이 오른 게
작금
온 나라를 들쑤신 최모씨 같다.

이런 번거로움은 열 번이라도 괜찮다

아침 여덟시에 가게 문을 열었다
어제 못다 한 일 마무리하고
TV 보면서 사무실을 지켰다
봄철이라 바쁜 시기인데
불경기라 그런지 장사가 별로다
퇴근 시간이 되어
집에 가는 도중에 전화벨이 울렸다

-지금 가게에 물건 고르려고 가는데
다시 올 수 있어요-

차를 돌려 가게에 돌아가려면
족히 이십분은 걸린다.
번거로운 일이다
하지만 이런 번거로움은 열 번이라도 괜찮다

가게로 돌아가는 길가에
이팝꽃, 흐드러지게 피었다.

3부
가을 전령

초로에 접어든 우리
가을끝자락 붙잡으러
가을 한가운데로 쉬엄쉬엄 들어간다.

권고사직

가을 깊어지자
은행나무, 겨울을 준비 한다

금빛드레스 입혀주며
은행잎 꼬드긴다
이별 통보다

감언이설에 혹 한 이파리
황금수의 차려입고
짧은 가을 만끽 한다

한줄기 세찬바람
제멋대로 불어댄다.

흥정

올 가을은 비싸다.
얼마나 고운 단풍 주시려고
얼마나 풍성한 추억 파시려고
이리도 뜸을 들이시나.

계절이란 바뀔 즈음엔 아쉬운데
올 여름은
빗자루로 확 쓸어버리고 싶다.

선풍기 바람만으로도 시원하다.
가을이 빼꼼
고개를 디민다.

회천강변 코스모스
가을 전령이랑 흥정중임.

별 꽃

의무감에 서쪽 하늘을 본다.
십 삼년 만에 초승달 금성 화성을
맨눈으로 볼 수 있다고 매스컴이 난리다

살면서
세상의 중심에 서 본적이 있었던가.
없다.
내 배역은 언제나 조연 이었다.

시큰둥하게 고개를 돌려보니
아!
동쪽 하늘 뭇별이 은하수로 흐른다.
한 무리 별 꽃이
내 품으로 파고든다.

오늘밤 주연이 바뀌었다.
동쪽하늘 뭇별들로.

나도 조연이 아니다.

가을바람이

가을바람이 어쩔 줄 몰라 한다
평상시처럼 지나치는데
은행잎이 우수수 떨어진다.

미안한 마음에
더욱 더 조심스레 지나가는데도
은행잎이 우수수 떨어진다.

당황한 가을바람
갈팡질팡 어쩔 줄 몰라 한다.

유전자

딸아이는 먹는 게 시원찮아
늘 걱정 이었다
입 짧은 아내를 닮았다
적게 먹는 습관 때문에
지금도 마른 체형이다

둘째 외손자는 무지 잘 먹는데
첫째는 먹는 게 시원찮다
딸아이는 안타까워 닦달 하지만
깨작거리며 먹는 모습이
자기 엄마를 빼닮았다

집사람은 웃기만 한다.

창문 너머에

겨울바람이
꽁꽁 닫힌 창문
툭툭
두드린다

창문 열면
그리움 쏟아질까 봐
찬바람 핑계 대고
마음의 창
더욱 더 옥죄인다.

투명한 유리 너머
오들오들 떨고 있는 한 그리움
모른 척 외면한지
어언 수 십 년

그래도 궁금해
흘낏 흘낏
창밖을 보니
돌처럼 냉동된 그리움
어둠 속에 묻혀있다.

사부곡 2

유천동에서 마비정까지
걸어서 두 시간 남짓 걸린다.
삼 년 연속 흉년이 지던 해
아버진 나뭇짐을 지고 이 길을 다니셨다
지금의 나보다 훨씬 젊으셨던 아버진
그때 어떤 심정이셨을까
나뭇짐을 지고 내려오실 때
가끔 쉬셨다는 남평 문 씨 세거지
오늘 꽃구경을 갔다.
붉게 핀 홍매, 아버지가 흘리셨던 피땀 같아 아프다
잘 정돈된 잔디밭에 어린아이
뒤뚱대며 뛰어다니고
젊은 부부
아이를 바라보며 행복하게 웃고 있다.
그들이 타고 온 자동차에 아버지 지게가
젊은 남자의 웃는 모습에 아버지 얼굴이
중첩된다.
고개를 젖혀 하늘을 본다.
오래된 소나무 사이, 하늘이 푸르르다.
아버지가 바라보시던 그 하늘에
흰 구름 떼 무심하게 흘러간다.

연꽃 눈물

고즈넉한 산사
휘영청 보름달 떠있고
연꽃 예쁜 연못가에
가사 입은 동자승
또르륵 눈물 흘리며
나지막이 읊조린다
어
머
니
.
.
.

대가야 비무장지대

고령군 대가야읍에는
비무장지대가 있다

상수도 보호구역
-출입금지-

금산재 아래
유유히 흐르는 회천

방치함으로
보호가 되는 구역

물고기 무리
자유로이 헤엄치고
뱀 한 마리
개구리 사냥하느라
풀밭을 질주한다.

어쩌다 한번 들른 왜가리 두 마리
사냥을 하는 건지
수행을 하는 건지
물속을 응시한 채
망부석으로 서 있다

먹고살기 위해 돈을 벌지만
돈 버는 일도 수행이다.

한가한 행복

-당신 자면서 몸부림 친 흔적-
침대 한 켠에 뭉둥그려놓은
이불더미를 가리키며
까르르 웃는 아내

마당으로 내려서니
뽕나무에
새들이 잔치판을 벌렸다
이맘때 쯤 이면
오디로 새들에게 공양을 한다

별로 바쁠 일없는
하루가 시작된다.

한가한 행복이
씨익 웃는다.

고래불

아내는 부재중
몇 날을 벼르더니
고래 잡으러 고래불로 떠났다.

찰나의 자유
접어둔 날개 슬며시 펼쳐본다.
하늘에 올라 구름을 타자
바람 따라
와이키키 해변으로 날아가 보자.

아뿔싸! 날개가 굳어있다.
팍팍한 일상으로
도태된 날개
화석 된 날개 보고
쓴웃음 짓는다.

날갯짓 흔적 찾아
고래불로 가야겠다.

봄날 오후의 망상

프리미어 리그 축구 경기를 보다가 엉뚱한 상상을 한다.
우샤인 볼트의 빠르기에
리오넬 메시의 현란한 드리볼
그리고 크리스티아누 호날두의 무 회전 킥을 장착하곤
월드컵 무대에서 종횡무진 하는 날 생각하다가
피식 웃는다.

메이저 리그 야구 경기를 보다가
공포의 외인구단 까치(오 혜성)가 되어
온 세계 타자들을 경악 시키는
무시무시한 마구를 던지는 상상을 해본다

ufc 격투기 경기를 보다가
마이크 타이슨의 가공할 펀치력에
표도르 예밀리야넨코의 레슬링 기술
그리고 미르코 크로캅의 발차기로 무장하고
옥타곤을 호령하는 날 생각하다가
파안대소 한다.

무료한 봄날 오후다

사바세계

봄비 내리고
나뭇잎 흔들리는데
한 남자
비를 흠뻑 맞으며
오토바이에 앉아있다

그는 퀵서비스 기사다
물건을 배달하다
문제가 생긴 모양이다
까탈스런 고객에게 된통 당하고
혼자서 분을 삭이는 중이다

빗방울 굵어지고
비바람 더욱 사나워진다.

향기 너머의 향기

대구수목원에 국화 향이 진동한다.
해마다 전시회를 하는데
국화 향 너머
아픈 향기가 배어있다.

쓰레기 매립장에 건립한 나무왕국.

이곳의 본래 이름은 오십 골이다.
군데군데 천수답이 있었고
골짜기 작은 호수에
가재랑 송사리가 살던 청정지역이었다.

대구수목원에 사람들이 북적인다.
가재랑 송사리
하늘로 헤엄쳐
구름 속에 숨었다.

유천동 연가

버드나무 무리 아래
깊게 패인 웅덩이
피라미 잡으면서 여름 한 철 보냈는데

오염 수 흐르면서
물고기 떼 사라지고
버드나무 아래 고인 물은
악취가 진동 했다

말라버린 개울에
다시 또 오염 수 흐르고
빗물 흐르고
그렇게 방치되어 세월은 흘렀다

다시 찾은 *흐린내에
강물이 흐른다.(진천 천 유지용수 확보 사업)
비 온 후도 아닌데
맑은 물이 흐른다.

사라진 물고기
세월 거슬러 헤엄친다.

*흐린내: 달서구 유천동 옛 지명

소 매물도 가는 길

통영 항
유천청년회 추계 야유회
어색하지만(청년회)
우리에겐 익숙한 플래카드 펼치곤
기념사진을 찍는다.

왁자지껄 소란스레 배에 오르고
회원 중 한명이 사가지고 온
멍게랑 소주
배위에 펼쳐놓고 게걸스레 먹는다.
환상적이다

망망대해 외로운 바위섬
지나가는 여객선 반기고
새우깡에 길들여진 갈매기
뱃전을 기웃 거린다

등대식당 멍게비빔밥
게 눈 감추듯 비우고
등대섬 눈앞에 두고
유천청년회 플래카드
또다시 펼쳐든다

소 매물도 항구에 잔칫상 벌어졌다
형님, 아우 한 잔씩 권하다보니
우리는 진짜 청년이 되어있었다

선상에서 바라보는 일몰이
처연하도록 아름답다.

가을 속으로

관광버스 안
티브이에서는 나훈아 쇼가 방영되고
오랜만에 만난 초등학교 동기생들
수다삼매경에 빠져있다

관광버스 밖
단풍고운 가을 산
쾌청한 가을햇살
심심한 가을바람
자막 바뀌듯 휙휙 지나치고

초로에 접어든 우리
가을끝자락 붙잡으러
가을 한가운데로 쉬엄쉬엄 들어간다.

위선자

안희x
그는 임금이 되고픈
집권당 대군 이었다
깔끔한 외모에
진정성을 가장한 그의 언행은
사람들을 현혹시켰다
그런 그를
나도 좋아했다

비서관 성폭행

방망이를 들고
사무실 유리를 박살 낸
그를 지지했었던 사내처럼
나도 그를
흠씬 두들겨 패 주고 싶다

사는 게 힘들어도
초인을 기다리는 우리에게
그는
구정물 한 바가지 끼얹고
사라져 버렸다.

춘풍

젊은 군인이 가게에 들러
집수리를 의뢰했다
얼마 전에 돌아가신
아버지 역할을 대신하는 듯 보였다
성심껏 상담 후 공사를 시작했다

벽지를 선택하러 중년 남녀가 왔다
사내가 남편인양 설치는데
야릇한 냄새를 풍긴다.
제발 상상하는 일이 아니었으면

젊은 군인
먼 하늘 응시한다.

일체유심조

차량 정체구간에
장미꽃이 만발했다

어떤 차는 두 송이씩
어떤 차는 네 송이씩

비 내리는 출근길
꽉 막힌 도로에 장미가 만발했다

마음 조급하고
상황 답답한데
꽉 밟은 브레이크 페달이
피처럼 붉은 장미꽃을 피웠다.

4부
윤회의 고리

마음비우고
세상일 굽어보니
담담하고, 헛헛하다.

호위 무사

기계와 사람 사이에도
연분이 존재 한다면
나와 내 차는 천생연분이다.

세련된 스타일, 블랙
첫 만남에 마음 빼앗겨
애지중지 잘 지내고 있는데
녀석에 대한 애정은
갈수록 각별해진다

뇌에서 생각을 일으키면
손은 핸들과 교감을 나누고
발은 액셀과 브레이크 페달을
번갈아가며 애무한다.

먼 길
숨 가쁘게 달려왔지만
불평 한번 하지 않는 충직한 호위 무사다.

오늘도 난
당신과 합체를 한다.

육십

어느 늦가을
지는 노을 바라보며
예순, 나이를 생각한다.

-이순-
생각하는 것이 원만하여
어떤 일을 들으면 금방 이해가 된다.
제길헐
날선 현실
귀머거리 세상

-육십 살-
계급장 떼고 알몸이 되는 시절
생각은 메이저리그
일터는 마이너리그

어둠 내린다.
지친 하루가 더디게 지나간다.

자존심

실력 차이는
도토리 키 재기
나는 내가 낫다고 하고
지는 지가 낫다고 한다.
시합이 시작되면 눈에 불을 켠다.
이기면 환호 하지만
지면 시무룩해진다.
쫌생이로 보일까봐 쿨 한척 하는데
속이 상하는 것은 어쩔 수 없다.
나보다 승부욕이 강한 그는
지고도 대인배처럼 웃고 있다
다중 인격자다

우리가 사는 세상은
보이는 게 전부가 아니다.

목줄

우우우
이삭이 노랫소리
트럭장사꾼이 왔나보다

고령 장날
황금 털을 가진 새끼 발발이
이십사일 날 분양받아
이삭이라 부른다.

(성당에 다녀온 날이다)

묶어두고 키우는데
많이 심심한가보다
트럭장사꾼과 화음을 맞추는데
제법이다

사람도 넥타이를 맨다.
이삭이도 사람도 자유를 원하지만
줄을 풀고 살기에
세상이 너무 험하다.

손

환절기,
쭈글쭈글해 진 손
햇볕에 말린 명태껍질 같았다

아버지 손은
항상 건조했다
새까맣게 그을린 손등엔
윤기하나 없었다.

논농사
세상풍파
오로지 맨손으로만 감당하셨다

그래도
꺼끌꺼끌한 손으로
작은 머리 쓰다듬어주면
세상에 무서울 게 없었는데

강아지를 어루만지다가
속없이 흔들어대는 꼬리를 보니
까칠한 아버지 손길
다시 한 번 느껴보고 싶다.

옥연지

칠월 칠석 날
살찐 초승달 언저리

달무리,
은은하게 빛나고
오작교 위 견우직녀
두 팔 벌려 달음박질친다

옥연지 물레방아
무심하게 돌아가고
저수지 나무다리 위
산바람 거세다

산바람 불어 올 때
스쳐가는 한 그리움
옥연지 둑길에
장승으로 서있다.

귀촌

잡초 천국이다.
마당 한켠 손바닥만 한 텃밭

혀를 끌끌 차며
아내가 한마디 한다.

-귀촌 하자고 그렇게 꼬시더니
풀 키울라꼬 촌에 왔심미꺼-

뻐꾸기 씨익 웃으며
주산으로 날아간다.

주산 하늘은
아직도 요지경

날아간 뻐꾹새
갈매기로 나른다.

*주산: 경북 고령군에 있는 산

하늘 님 전횡

비 내리는 꼬라지 좀 보소
모가지 빠지게 자기를 기다리는 줄 뻔히 알면서도
애기 오줌 누듯 찔끔찔끔 뿌리고 있다
갈라진 논바닥보다 더 바삭거리는
벼농사 짓는 김 씨 마음 아는지 모르는지
지 멋 대로다

하늘 님 전횡에
사람이 할 수 있는 게
기우제 밖에 없다는 것이 슬프다

우리 사는 세상에도
하늘 님이 있다.

배추꽃

올해는
그리운 사람이
배추꽃으로 찾아온다.

겨울을 이겨낸
두 포기 배추
노랗게 예쁜 꽃을 피웠다

꽃은
죽은 이들이
이승을 여행할 때
타고 다니는 타임머신

이승에서
가까운 영혼은 벚꽃으로
먼 영혼은 백일홍으로
우리를 찾아온다.

배추꽃이 질 때쯤
꿈속이라도 부모님을 뵙겠다.

여명

눈뜨니 새벽세시
한 마리 나비
비몽사몽 산중암자로 날아간다.

마음비우고
세상일 굽어보니
담담하고, 헛헛하다.

곤히 잠든 아내
혹시라도 깰까
눈뜬 시체로 누워 있다.

발발이 컹컹댄다.
내 무료함을 눈치 챘나 보다.
어둠 걷히고
낯선 아침이
건들거리며 걸어온다.

동지팥죽

동짓날
오후 다섯 시인데
어스름 번진다.

팥죽은
겉이 꼬들꼬들해질 때
가장 맛있다

팥죽을 먹어야
나이를 한 살 더 먹는다기에
새알은 꼭꼭 챙겨 먹었다

가마솥에 끓여야
제 맛이 나는 팥죽,
지금은
가마솥도 없고
엄마도 없다

팥죽색 어둠이 내린다.
꼬들꼬들한 팥죽 차려놓고
이때쯤 엄마는
동네방네
날 찾으러 다니셨는데…

벽시계

칠흑 같은 밤, 원형 경기장 안
열두 명의 vip 석
예순 명의 일반석
그리고 훔쳐보는 한 사람
숨을 죽인 관중 앞에서 검객 세 명이 자웅을 겨룬다.

경공술이 탁월한 키가 큰 여인
날렵한 몸으로 경기장을 휘젓고 다닌다.
강호에서 빠르다는 것은 강력한 무기다.

미동도 없던 육중한 사내가 느릿하게 움직인다.
몸놀림이 예사롭지 않다.
고수다.

균형 잡힌 골격에 훤칠한 사내
도도하게 걷고 있다.
강하지만
중용을 아는 자다.

검을 섞어 비무를 펼치지만
서로에게 상처를 입히진 않는다.
이 시합에 패자는 없다.
모두가 같은 곳을 바라보기 때문이다.

퇴근길

퇴근길
무심코 훔쳐본 초겨울 밤하늘
보름달이 흰 구름을 유혹하더니
흰 구름이 보름달을 덮쳐 생난리다

갑자기 아내가 보고 싶다
자동차 엑셀에 힘이 실린다.

사람 낙엽

가로수 낙엽은 갈 곳이 마땅치 않다.
촉촉한 흙으로 돌아가야
윤회의 고리가 이어지는데
딱딱한 아스팔트
차가운 보도블록밖에 갈 곳이 없다.

바람에게 부탁해
이리저리 굴러다녀 보지만
따뜻한 흙더미는 찾을 길이 없다.

지하철 대곡역에는 사람낙엽이 있다.

침묵

아홉수 조심하라시더니
일흔아홉 되던 해
돌아가신 어머님

무에그리 못마땅해
봄비 오는 날
부랴부랴 떠나신 건지

십년 지나 오늘아침
봄비로 오셨길래
못다 한 말 들으려
귀 쫑긋 세우니

후우웁 한숨 쉬고
입술 꼬옥 깨무신다.

모듬내 여뀌 꽃

대가야 모듬내 길
코스모스 만발하자
사람들 몰려온다.

물길이 모여
모듬내라 불리는 곳
코스모스 무리가
사람을 모은다.

모듬내 여뀌 꽃 수줍게 피어있다
선홍빛 품고서
안갯속에 피어있다

모듬내 대표 꽃은
코스모스가 아니다
모듬내 얼굴마담은
여뀌와 갈대다

몰려온 사람들
코스모스만 바라본다.

*흐린내

생활용수로 덧칠된 개울
득도한 여뀌꽃 위 잠자리 졸고 있다.

콘크리트로 위장한 하천변
우격다짐 치장으로 숨통을 옥죄인다.

-자연미인 흐린내-

성형수술 잘못해 괴물이 되었다.

광대한 아파트 구조물 아래
말살된 고향 풍경들

고향집 앞 생존한 전봇대가
씁쓸한 표정으로 날 반긴다.

*흐린내:대구시 달서구 유천동의 옛 지명

족쇄

술기운 빌어
친구가 쏟아내는 각혈
-하고 싶은 일 확 저질러 뿌마
무슨 해결책이 생기겠제-

실직한지 일 년
칠월 밤하늘 별들이
체인처럼 차갑다.

설핏 보이는 주름살 속
켜켜이 쌓인 두려움,
술자리는
알아온 시간만큼 길어진다.

비틀거리던 밤이 끝나고
아침이 밝아온다.

가을에

가을이
코스모스 한들거리는 길을 따라
애틋한 추억을 가지고
내 나약한 영혼을 찾아온다.

밀려오는 추억이 무서워
나는 한 개의 돌이 된다.

옛 님은
단풍드는 가을이면
새파란 하늘 속에서
이미 석화 되어버린
나를 부른다.

입춘 혹한

입춘이 엊그제인데
올겨울 들어 가장 춥다
입춘 혹한이다

방 안 온도를 높여보지만
이불 밖 공기는 차갑다
가스요금을 걱정하는 아내 생각이 나서
온도를 많이 못 올린 것 같다

우우웅
보일러 돌아가는 소리
휘이잉
찬바람 부는 소리

매섭긴 하지만
중년사내의 투혼처럼
이번추위가 마지막추위 같다

다가오는 봄날에는
앞마당에 무슨 꽃을 심을까.

바람 같은 내 사랑

노오란 은행잎파리
너무나 고와
지나가던 바람이
흑심을 품었네.

거친 애무로
은행잎 몸살 앓고
무심한 바람은
말없이 떠나갔네.

바람 같은 내 사랑
길 위에 나뒹구네.

작품 해설

평범함 속의 비범화, 비범화 속의 평범함이 일상화된 서정시집

김원중(한국 문협 고문, 포스텍 명예교수)

Ⅰ. 요즘 뜻하지 않는 무더위 속에서 더위를 식히는데 알맞은 시집 <연꽃 눈물>을 읽으면서 축하의 말과 함께 행복을 느끼게 되어 무척 기뻤다. 그리고 새삼 깨달았다. 시는 평범함 속에서 비범함을 찾을수 있지만 그와는 정반대일 수도 있다는 것을…….

곽호영 시인의 작품(시)은 평범함이 일상화 된 서정시라서 독자에게 친근감을 더 느끼게 한다는 것을 먼저 밝히고 싶다. 또 곽호영 시인의 시집 출간을 몹시 반기는 것은 한비문학회 회원이어서도 그렇지만 고령이라는 자연친화적인 고장에서

문단 활동하고 있는 시인이기 때문이다. 고령은 육체적으로나 정신적으로 많은 도움을 받을 수 있는 고장이다. 또 고령하면 떠오르는 문인이 곽종원 선생이다. 곽종원 선생은 고령이 낳은 한국현대문학사의 선구자이시다. 일제 강점기 말기와 해방 공간에서 시작하여 1970년대까지 문학평론가로 명성을 날리신 문단의 선구자이셨다. 말년에 예총부회장과 건국대학교 총장을 역임하신 한국현대문단의 산증인이시었다. 요즘 지자체마다 출신 문인들을 기리는 기념행사가 경쟁적으로 시행하고 있는데 고령에서는 왜 이런 원로 문인 선구자를 기리는 행사가 없는지 궁금하다.

곽호영 시인도 곽씨 문중의 곽종원 선생 혈통을 이어 받은 것 같아 한 줄 적어보는 것이다.

Ⅱ. 곽호영 시인의 시집 <연꽃 눈물>의 제목이기도 한 <연꽃 눈물>부터 먼저 감상해보자

고즈넉한 산사
휘영청 보름달 떠있고
연꽃 예쁜 연못가에
가사 입은 동자승
나지막이 읊조린다
어
머
니

<연꽃 눈물>전문

　미국의 시인 애드갈란 포오의 "시는 짧을수록 좋다"는 생각이 난다. 쓸데없이 긴 시를 쓰는 시인들이 있는데 의도적으로 그럴 필요가 없다. <연꽃 눈물>처럼 얼마든지 짧은 시속에서 시인의 가치관(의도)을 담을 수가 있는 것이다. 또 한편 감상해 보자

봄꽃향기에 취하다.
봄밤
별꽃에 취해
달기둥에 몸을 기댄다.

꽃 밤에 취하다
―취중우주―
현실은 방석으로 깔아 앉고
퇴색된 꿈은
술잔으로 길어 올려
봄 하늘에 펼쳐 두자
별과 함께 걸어두자.

<봄밤, 꿈>전문

곽호영 시인은 이미 현대시의 형태와 기교를 익힌 시인이다. 구태여 의도적으로 짧은 형식만 택한 것이 아니다. 가장 알맞은 중간 형식의 시들이 대부분이다.

비 그친 아침 산에
안개가 묻어있다

갓 씻은 아기마냥
나무 피부가 촉촉하다.

잘생긴 소나무 무리
젖은 머리카락 툴툴 털며
가을바람과 열애 중

직무유기 하던 가을 햇님
기지개 쭈욱 펴며
슬그머니 떠오른다.

청명한 가을햇살
먹구름 한 점 없다

직무 유기, 가을 햇살
경고조치로 감형함.

<직무유기>전문

그리고 곽호영 시인의 가치관(주제)도 명백한 시들이 시집의 주류를 이루고 있다.

가을 깊어지자
은행나무, 겨울을 준비 한다

금빛드레스 입혀주며
은행잎 꼬드긴다
이별 통보다

감언이설에 혹 한 이파리
황금수의 차려입고
짧은 가을 만끽 한다

한줄기 세찬바람
제멋대로 불어댄다.

<권고사직>전문

"권고사직"이나 앞의 "직무유기"같은 시는 분명 배편적인 요소까지 감미되니 이 시인의 장래 역량을 가늠할 수 있다.

계속 이러한 유의 시를 쓴다면 우리 문단의 주목받는 시인으로 평가받을 수 있을 것이다. 끝으로 대표적인 서정시 한 편 더 감상해 보자

올해는
그리운 사람이
배추꽃으로 찾아온다.

겨울을 이겨낸
두 포기 배추
노랗게 예쁜 꽃을 피웠다

꽃은
죽은 이들이
이승을 여행할 때
타고 다니는 타임머신

이승에서
가까운 영혼은 벚꽃으로
먼 영혼은 백일홍으로
우리를 찾아온다.

배추꽃이 질 때쯤
꿈속이라도 부모님을 뵙겠다.

<배추꽃>전문

Ⅲ. 끝으로 독일의 문호 괴테의 시에 관한 정의를 소개하면서 끝을 맺고자 한다. "시는 어린 시절에는 노래이고 중년에는 철학이다. 그리고 60을 넘어 노년이 되면 시가 인생이 된다" 곽호영 시인은 이번 시집출간을 계기로 인생 자체가 되는 시를 많이 남기기를 기원해 본다. <연꽃 눈물>의 출간을 축하하며 많이 읽히는 시집이 되었으면 보람일 것이다. 건필과 행운을 빈다.